优秀技术工人
百工百法丛书

常洪霞工作法

公交安全驾驶与服务

中华全国总工会 组织编写

常洪霞 著

中国工人出版社

技术工人队伍是支撑中国制造、中国创造的重要力量。我国工人阶级和广大劳动群众要大力弘扬劳模精神、劳动精神、工匠精神，适应当今世界科技革命和产业变革的需要，勤学苦练、深入钻研，勇于创新、敢为人先，不断提高技术技能水平，为推动高质量发展、实施制造强国战略、全面建设社会主义现代化国家贡献智慧和力量。

——习近平致首届大国工匠创新交流大会的贺信

优秀技术工人百工百法丛书

海员建设卷

编委会

序

党的二十大擘画了全面建设社会主义现代化国家、全面推进中华民族伟大复兴的宏伟蓝图。要把宏伟蓝图变成美好现实，根本上要靠包括工人阶级在内的全体人民的劳动、创造、奉献，高质量发展更离不开一支高素质的技术工人队伍。

党中央高度重视弘扬工匠精神和培养大国工匠。习近平总书记专门致信祝贺首届大国工匠创新交流大会，特别强调“技术工人队伍是支撑中国制造、中国创造的重要力量”，要求工人阶级和广大劳动群众要“适应当今世界科技革命和产业变革的需要，勤学苦练、深入钻研，勇于创新、敢为人先，不断提高技术技能水平”。这些亲切关怀和殷殷厚望，激励鼓舞着亿万职工群众弘扬劳模精神、劳动精神、工匠精神，奋进新征程、建功新时代。

近年来，全国各级工会认真学习贯彻习近平总书记关于工人阶级和工会工作的重要论述，特别是关于产业工人队伍建设改革的重要指示和致首届大国工匠创新交流大会贺信的精神，进一步加大工匠技能人才的培养选树力度，叫响做实大国工匠品牌，不断提高广大职工的技术技能水平。以大国工匠为代表的一大批杰出技术工人，聚焦重大战略、重大工程、重大项目、重点产业，通过生产实践和技术创新活动，总结出先进的技能技法，产生了巨大的经济效益和社会效益。

深化群众性技术创新活动，开展先进操作法总结、命名和推广，是《新时期产业工人队伍建设改革方案》的主要举措。为落实全国总工会党组书记处的指示和要求，中国工人出版社和各全国产业工会、地方工会合作，精心推出“优秀技术工人百工百法丛书”，在全国范围内总结 100 种以工匠命名的解决生产一线现场问题的先进工作法，同时运用现代信息技术手段，同步生产视频课程、线上题库、工匠专区、元宇宙工匠创新工作室等数字知识产品。这是尊重技术工人首创精神的重要体现，是工会提高职工技能素质和创新能力的有力做法，必将带动各级工会先进操作法总结、命名和推广工作形成热潮。

此次入选“优秀技术工人百工百法丛书”作者群体的工匠人才，都是全国各行各业的杰出技术工人代表。他们总结自己的技能、技法和创新方法，著书立说、宣传推广，能让更多人看到技术工人创造的经济社会价值，带动更多产业工人积极提高自身技术技能水平，更好地助力高质量发展。中小微企业对工匠人才的孵化培育能力要弱于大型企业，对技术技能的渴求更为迫切。优秀技术工人工作法的出版，以及相关数字衍生知识服务产品的推广，将对中小微企业的技术进步与快速发展起到推动作用。

当前，产业转型正日趋加快，广大职工对于技术技能水平提升的需求日益迫切。为职工群众创造更多学习最新技术技能的机会和条件，传播普及高效解决生产一线现场问题的工法、技法和创新方法，充分发挥工匠人才的“传帮带”作用，工会组织责无旁贷。希望各地工会能够总结命名推广更多大国工匠和优秀技术工人的先进工作法，培养更多适应经济结构优化和产业转型升级需求的高技能人才，为加快建设一支知识型、技术型、创新型劳动者大军发挥重要作用。

中华全国总工会兼职副主席、大国工匠

高凤林

作者简介
About The Author

常洪霞

1978 年出生，中共党员，北京公交集团第四客运分公司 1 路全国青年文明号 682 车组首席驾驶员。1 路常洪霞技师工作室、洪霞创新工作室负责人。

连续多年荣获北京公交集团先进生产者、优秀共产党员、巾帼建功标兵、三八红旗奖章、优秀职工代表等多项荣誉。2018 年，被北京市人民政府授予“享受政府特殊津贴技师”称号；2019 年当选北京市工会十四大代表、全国十大最美公交司机、全国交通技术能手；2020 年被评为全国劳动模范；2022 年当选中国共产党北京市第十三次代表大会党员代表、中国共产党第二十次全国代表大会党员代表。

1995 年进入公交集团成为一名乘务员。自 2001 年以来从事公交驾驶员工作，截至目前安全行车 22 年，安全行驶里程 52 万余公里，运载乘客 1000 余万人次，无一事故，无一投诉。作为洪霞创新工作室领军人，常洪霞带领团队发挥高技能人才作用，研发了“公交驾驶员规范操作语音提示器”等实物创新和“导游式服务”“安全行车四步法”等课题项目 30 余项，累计为企业节约开支 500 余万元。

工 / 匠 / 寄 / 语

树立人生目标，实现人生价值.

从认真做好一件事开始.

常洪霞

目　录
Contents

引　　言
Introduction

新时代的公交车行驶在逐梦的路上，承载着千千万万平凡的劳动者，构筑起我们充满活力的社会和美好生活。公交出行也正在从以前传统地提供车厢服务，逐步转变为乘客需要什么样的出行服务就提供什么样的出行服务。新时代公交车运营的根本意义就是为了解决乘客的实际出行困难，在确保安全的前提下，以百姓的所想、所求为出发点，从专业的角度满足乘客的需要，从而更加方便乘客出行。

拥有百年历史的北京公交，在新时代的发展历程中，肩负起新征程上新的使命与任务，努力把“让更多的人享受更好的公共出行服务”的使命体现在每个工作细节中，是每一个北京公交驾驶员的理想与追求。在实际的运营服务过程中，走心的服务细节、服务至“最后一公里”依然是公交运行的痛点。虽然北京公交集团已逐渐建立起针对群众集中诉求的快速响应机制和快速反应机制，公交运营的现状已得到广大乘客的认可，但针对实际工作与服务中发现的痛点、难点，北京公交集团距离最终妥善解决居民反映比较集中的出行问题，依旧有很长的一段路要走。

本书主要从公交驾驶员服务方法、公交车辆行驶的全过程中容易出现的问题以及服务要求、规范、标准等方面阐述创新服务方法，切实指导公交驾驶员以安全驾驶为基准，从全心全意服务乘客出发，打造文明公交和谐出行，助力公交深化改革创新。

第一讲

安全驾驶“四要”

作为一名公交驾驶员，应该始终将车辆行驶安全与服务乘客放在首位。保证不了公交车辆行驶安全，一切都是空谈；不能为乘客提供优质的服务，公交运行的意义也会大打折扣。

一、要“善于观察”

公交驾驶员每日与环境、道路、车辆、交通参与者接触，相互影响、相互制约，在工作中，要有一双善于观察的“眼睛”。每一公里的安全行车都离不开驾驶员一双善于观察的眼睛，将防御性驾驶做到“眼防”观察、“手防”驾驶、“脚防”控制，做到知行合一，才能安全驾驶永伴。

在出乘前一天，了解天气情况，做好“风雪雨雾”特殊天气的提前预防，并对自身身体情况进行“自我观察”，确保身体健康。出乘前，做好本线路道路情况和隐患点的观察预判，如周一早高峰，周五晚高峰，特殊节日、假日的常规拥堵；沿线学校、景区、商场等路段容易出现车流、人流集中情况的观察；因交通事故、临时管控出现瞬时拥堵的路况观察，等等。善于总结重点路段的行车方法，观察交通车辆和参与者的动态，从观察中做好安全驾驶的执行者，做到未雨绸缪、防微杜渐。

二、要“懂得聆听”

“聆听”是一名服务工作者与被服务者沟通最有效的桥梁。公交驾驶员在工作中要有一双“懂得聆听”的“职业耳朵”。

一是听车辆启动后发出的声音。听见车辆发出“异响”，就需要立即停车检查，未排除问题不得行驶。

二是听车厢内乘客的声音。在嘈杂的车厢环境中，公交驾驶员要善于从声音中分辨乘客的需求。乘客若因为车厢人员密集或行驶速度等问题感到不满，发出抱怨或埋怨的声音，这时应提高驾驶平稳度，确保乘客安全。作为一名公交驾驶员，要学会倾听乘客的需求。当遇到乘客有诉求时，要先认真倾听，切忌打断乘客。在倾听过程中快速分析乘客需求，如遇问路、换乘、票务等问题，要正确解答，不能含糊回答。

三是在车辆进出站时要聆听乘客上下车辆的“声音”。听到车门处声音安静、确认安全后再关闭车门，避免车门夹摔乘客。在行驶过程中，驾驶员在观察道路环境的同时，还要聆听车厢外道路的声音，在视线昏暗、转弯、车辆盲区的情况下，声音是确保行车安全的有效参照。驾驶员听到车身周围发出异响时，应迅速观察车辆周围情况，必要时立即停车，有条件的应将车辆靠边停驶，避免二次伤害，待排除问题后方可上路行驶。

三、要“学会说话”

在公交出行的服务过程中，驾驶员要“学会说话”，规范用语。首先就是要使用普通话，声音适中，语速平稳，自然亲切。其次是与乘客交流时，要面带微笑，用敬语开头，如“您好”“请问”“谢谢”“对不起”“没关系”“不客气”等。

1. 解答乘客询问用语

要做到“有问必答”“多问不烦”“不知代问”；无人售票线路驾驶员遇到行驶中有乘客询问时可礼貌告知：“您稍等，我等到站停车后为您解答。”或提示乘客注意听取报站信息、查看车内服务标志。当驾驶员或乘务员不清楚乘客询问的问题时，应诚恳地向乘客解释：“对不起，我不太清楚，我帮您问问其他乘客。”“麻烦哪位乘客能帮忙解答一下，谢谢您！”

2. 疏导乘客乘车用语

“各位乘客，现在是乘车高峰时间，请您抓紧时间上下车。”“刚上车的乘客请您帮忙往里走，提前换乘到下车门，方便您的出行，感谢您的理解与支持。”

3. 照顾五种人（老幼病残孕）服务用语

老幼病残孕群体需要特殊照顾，但说话要“得体”。例如，“请问（麻烦）哪位乘客给这位老人（师傅、乘客）让个座，谢谢您”“当您乘坐公共电汽车时，请您主动将座位让给老、幼、病、残、孕及抱小孩的乘客，以保证他们的乘车安全，谢谢您的合作”“请您照顾好孩子，防止磕碰”。

4. 车辆安全提示用语

“站在车门处的乘客，请您注意，我要开（关）车门了”；“请您注意脚下安全，下车别忘刷卡（扫码）”；“雨（雪）天路滑，请您注意脚下安全，别着急，请慢走”；“车辆转弯，请您扶稳坐好”；“车辆进站，请您注意安全”；“为了您的安全，请您随时扶稳坐好”；“为了您的乘车安全，请您不要将身体的任何部位探出车外，感谢您的配合”。

5. 处理问题规范用语

发生机械故障或交通事故，驾驶员应告知车内乘客：“各位乘客，非常抱歉，本车发生了机械故障（或交通事故、客伤），无法继续运行。请您不要着急，我们将帮助您换乘本线路下一辆车，给您带来不便，请您谅解！”发生门夹乘客说：“对不起，是我的疏忽，刚才没看清，不小心夹到您了，非常抱歉。”此时应当积极回应，切忌当作看不见。

有些驾驶员等到乘客“找上门”才给予道歉，延误了处理问题的最佳时机。车门夹摔乘客有些只是轻微磕碰，驾驶员积极主动的沟通通常会得到乘客的谅解。

6. 车辆拥堵解释用语

行驶中遇有重大活动或交通管制，造成车辆受阻，驾驶员应向车内乘客正面宣传赢得理解：“各位乘客，前方遇有临时勤务，车辆需要避让，请您给予理解和支持，谢谢您！”遇到乘客无正当理由要求中途下车时，应宣传：“非常抱歉，为了保证您的安全，公交车不能在站台以外的地点停车上下乘客，给您带来不便，请您谅解。”当乘客妨碍安全视线时应说：“对不起，您妨碍了我的安全视线，请您让一下，谢谢您。”

7. 引导乘客刷卡、扫码用语

“乘客您好，请您刷卡（码）乘车”；当遇乘客带领超过购票标准（儿童购票标高 1.3 米）的儿童乘车，儿童未购票时：“乘客您好，您的孩子身高已达到购票标准，请您照章购票，谢谢”；遇有冒用他人免费、优惠卡（证）乘车："乘客您好，您所持免费、优惠卡（证）只限本人使用，请您照章购票，配合工作，谢谢您。"这里应当注意，遇到此类问题时，驾驶员要轻声询问，不可大声质问，做到以理服人、得理让人，避免给乘客带来负面影响。

四、要"技术过硬"

在日常工作中当车辆发生常见故障时，公交驾驶员要有过硬的处理问题的"技术能力"：一是车辆技术规范要掌握，确保正确操作；二是车辆技术标准要落实，确保安全有效；三是车辆应急处置要果断，确保措施得当。要做到及时处置问题、正确应对问题、确保乘客人身安全、降低经济损失、减少社会影响。在行驶中要落实好"看、闻、听、诊"四个方面的要求，做到看仪表是否正常，听异常报警、车辆异响、异动，闻异味，利用自己对车辆技术的掌握快速判断、规范操作、准确处置，为线路平稳运行、乘客安全夯实基础。

第二讲

特色服务法

一、安全行车“四步法”

经过多年驾驶经验积累，我总结了安全行车“四步法”，即一静、二稳、三让、四心。“一静”是保持冷静，无论天气怎样变化、道路交通怎样复杂，都要保持良好的心态、冷静的头脑、准确的判断，措施果断，以慢克乱；“二稳”是起步停车稳，中途行驶稳；“三让”是你抢我让、你违章我让、空当儿小我让；“四心”是地静人稀要小心、拥堵路段要耐心、通过路口要细心、服务乘客要热心。

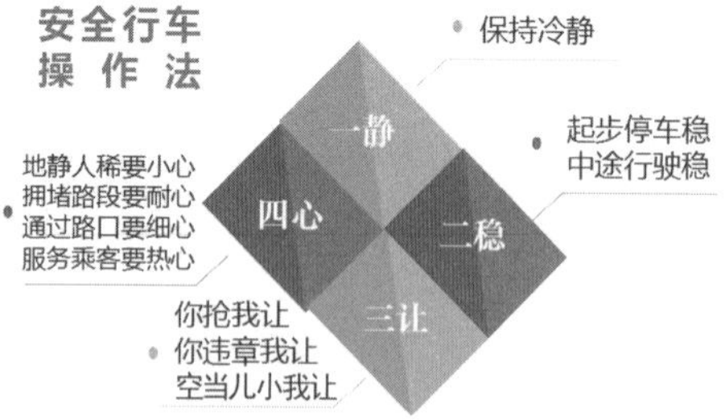

图 1 常洪霞安全行车“四步法”

二、“十心实意”服务理念

作为 1 路全国级青年文明号 682 车组的车长，

我们不断传承和发扬车组的服务精神。在 20 世纪七八十年代，1 路首个探索先进服务法的 3682 车组成员就提出了打造“乘客之家”的理念，推出了“五个心、六个一”服务法。2008 年北京奥运会举办前期，1 路进一步提出了“十领先”服务标准及打造“六个 1 路”服务形象。

进入新时代，乘客需求呈现多样化、个性化趋势。为了让首都“大 1 路”一直保持公交行业“排头兵”的领先水平，我和创新工作室成员经过广泛调研和深入思考，总结提炼出了“十心实意”服务法，与时俱进地诠释了新时代公交人的“初心”“同心”“匠心”“精心”“热心”“真心”“虚心”“诚心”“爱心”“耐心”，并通过一个个创新举措将“十心”理念落地，打造公交有品质、有温度、有真情的服务。即初心，一路同行，一心为您；同心，同道同德，众志成城；匠心，精益求精，追求卓越；精心，尽心尽力，细致入微；热心，热情周到，如沐春风；真心，真情实意，以心相待；虚心，谦逊有礼，开门纳言；诚心，真挚于心，至诚于行；爱心，大爱无私，乐于助人；耐心，解疑释惑，百问不烦。

图 2 “十心实意”服务理念

三、“暖心箱”

在长时间的行车服务过程中，我结合工作实际，提出了配置“暖心箱”的服务设想，这是落实“十心实意”服务理念的一项重要举措。在北京 1 路公交车车厢内，乘务员座椅右侧水杯架位置均设置了“暖心箱”，目的是进一步提升车厢服务热度，解决实际运营中乘客遇到的各种棘手问题，帮助乘务员更好地为乘客提供服务。

“暖心箱”内物品种类包括充电宝、方便袋（呕吐袋）、胶带、纸巾、挂钩、一次性雨衣、消毒棉签、创可贴。车队设立“暖心箱补给站”，乘务员班前应检查暖心箱内物品的数量，及时补足。车辆运营中要按规定使用暖心箱，途经地铁八宝山—八宝山、东单—北京站、八王坟—郎家园、日坛路—北京站区段，要进行暖心箱的宣传，统一宣传用语：“乘客您好，我们车组人员为您准备了暖心箱，配备了充电宝、方便袋、纸巾等多种小物品。当您在乘车期间，如有需要，请随时告知我们，我们将竭诚为您服务。”

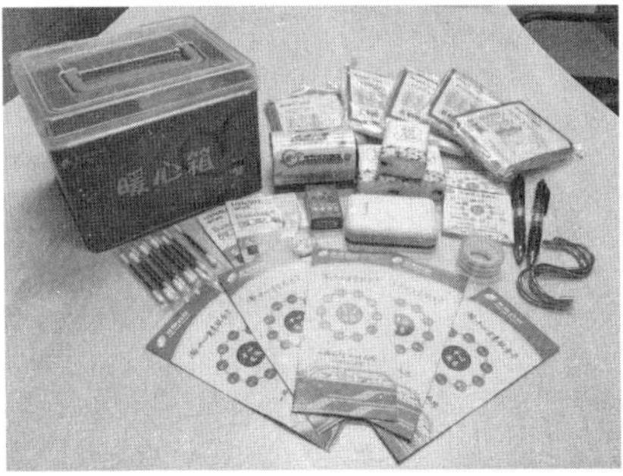

图3 “暖心箱”及箱内物品

四、“导游式”车厢服务

1路横穿首都长安街，沿线旅游资源丰富。为了更好地服务旅游乘客，2013年1路推出“导游式”车厢服务，致力于讲好长安街上的“红色故事”。当车辆途经首都博物馆、军事博物馆、中华世纪坛、国家大剧院、天安门广场等景点以及西单、王府井等商业街区时，乘务员会宣传景点特色、展出内容、开放时间等信息，方便旅游乘客出行。近年来，1路“导游式”车厢服务再升级，在宣传景点信息基础上，乘务员还会结合沿线历史建筑和重点景点宣讲红色故事，从“五四运动”讲到“进京赶考”，从“开国大典”讲到“人民英雄纪念碑”，把车厢变成了传播和弘扬红色精神的“流动红色课堂”。当车辆途经天安门广场时，乘务员会播报升降旗时间，方便观看升降旗的游客做好出行准备。

五、新时代“车厢文化”

我所驾驶的1路公交车内部张贴着宣传画，称为“车厢文化”，像“飘带”一样贯穿车厢前后。目前1路“车厢文化”共有“红色记忆”“历史文化”“传统美德”三大主题，包含沿线景观、尊老敬老、中华传统节日、二十四节气、传统美德以及党的二十大六个版本。每个主题均设置了一个二维码，扫描二维码可以看到相应主题更多的故事图片和视频，使车厢文化“动起来”“活起来”。

第三讲

车辆出乘前

公交车驾驶，安全永远是第一位的。要想做到安全驾驶公交车，就要用心记住每一个安全步骤，用脑钻研总结每一个安全知识点。做一个合格的公交驾驶员，首先要学好交通法规，理解吃透所有的检查与自检制度，在工作中不断积累行车经验，为每天的安全行车奠定基础。

一、班前检查——驾驶“安全车”

1. 班前安全宣誓文化

宣誓主题词涵盖“生命、家庭、责任、初心”。“敬畏生命”“不忘初心”，诠释了公交驾驶员对广大乘客和交通参与者生命至上的尊重，明确了在工作中必须落实做到，是形成驾驶员安全驾驶使命感、责任感思想行为的重要方式。

班前宣誓必须态度端正、工装规范整洁、标准站姿、朗诵吐字清晰洪亮。

2. 酒精检测

驾驶员班前酒精检测结果必须显示为正常。

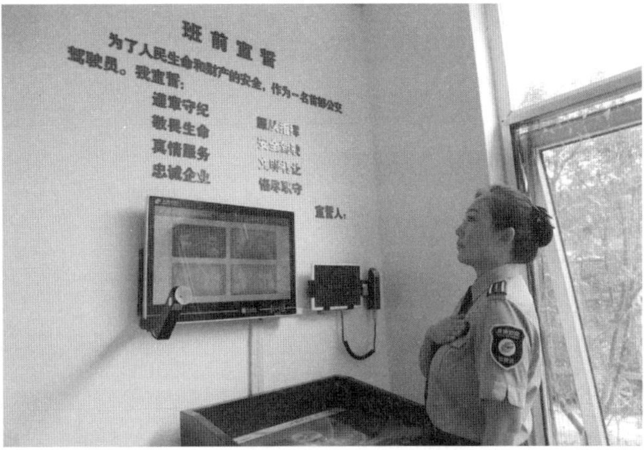

图 4　北京公交 1 路驾驶员班前宣誓示范

3. 叮嘱阅读与签到

驾驶员需认真阅读安全重点工作相关章节的叮嘱内容，加深对行车安全措施的记忆理解，有利于驾驶员在日常工作中认真落实，为确保行车安全提供行为标准支撑。驾驶员完成叮嘱内容阅读后，签写本人姓名，完成叮嘱阅读确认。

4. 自我身体健康评估

公交驾驶员如有饮酒、服用国家管制的精神药品或者麻醉药品，患有妨碍安全驾驶机动车的疾病、过度疲劳等影响安全驾驶的情况，不得驾驶机动车。如在运营中感觉身体不适，在保证安全的情况下，应立即靠边停车，拉好手刹，终止运营。

5. 出车前以柴油、柴电混合、天然气为能源的常规公交车辆例检操作

（1）出车前，驾驶员应按要求填写例检记录，对公交车辆进行例检。

（2）检查发动机机油油量、油压、油质，是否有渗漏的情况。检查油量时，需要将车辆停置于平坦路面，发动机处于熄火状态且与前次发动有五分钟以上的间隔。拔出机油尺，用干净棉丝（布）擦拭至无油渍，清除机油尺护管口处脏污，重新将机油尺插入护管至限位帽顶部，静置 2~3 秒再次拔出机油尺查看，油量应在最高与最低油面刻线之间。机油应为黄褐色清亮、黏稠的液体。机油油压的检查应在发动机启动运转后，正常的机油压力应在 69kPa~500kPa。最后需要检查发动机外部有无机油渗漏。

（3）检查燃油（燃气）量。燃油量通过仪表检查，要满足运行需要。燃油也可采用油尺检查。CNG 车辆燃气压力不得低于 2MPa。燃油（燃气）需要规范加注，防止过多或过少。

（4）检查冷却液。用防冻液作为冷却液，高度应在副水箱的 1/3~2/3，水箱盖及保护链应齐全、完好。冷却液不得有渗漏。

（5）检查制动性能。低气压报警器效能完好，报警信号与气压表指示同步。检查气压是否合格；踩试制动踏板是否有力；注意检查有无跑气、漏油现象。初驶时，点试刹车是否灵敏有效。手刹能拉紧，拉紧时二挡（自动变速箱挂前进挡）不能起步，储能制动有效。脚刹、手刹解除及时复位。凡有气压不足、漏气、漏油、点试无效、行车阻滞情况应及时报修。

（6）检查转向性能。摆动方向盘检查自由量。检查横直拉杆，无松旷、无异响。配置助力转向的车辆，要检查助力油油面高度。助力油油面高度应在储油罐上下刻线之间，助力油不足或过多，应报修解决。助力油不得有渗漏。

（7）检查喇叭、雨刷。喇叭按下即响，音响正常。检查雨刷效能是否良好，雨刮片角度、位置是否正常。

（8）检查灯光。全车灯光齐全。大灯、转向灯、制动灯、边灯、示宽灯、雾灯要固定牢固，安装完好。

（9）检查轮胎。检查轮胎气压；检查轮胎之间、轮胎花纹处有无夹嵌物，轮胎螺丝、半轴螺丝有无松动断裂，气门嘴小盖是否齐全，轴头有无甩油现象。

（10）检查仪表信号。观察各仪表工作状态。重点检查电流表（充放电情况）、气压表（压力变化情况）、机油表（油压指示情况）、水温表（温度显示情况）。检试警示信号，如低气压报警信号、低水位报警信号、低油压报警信号、车门开关信号及制动指示信号等。

（11）检查车身。围绕车身查看有无剐撞、有无伸出车体物；检查流水槽螺丝、门条螺丝有无等；检查各门盖是否关闭盖好，防开链保护是否有效。

（12）检查电路。线束不得有凌乱、老化、接近热源、磨蹭、无固定、无绝缘现象。

（13）检查油路。油箱盖齐全完好，开关灵活、密封有效。油路不得有渗漏。（冬季）燃油加热装置工作正常。

（14）检查 LNG（液化天然气）系统。检查 LNG 液位仪指数，液位不足或气罐压力过低应及时补充。检查 LNG 泄漏报警器有无报警或故障提示，发现故障应及时报修。

（15）检查尾气。目测发动机尾气排放，不得冒黑烟、白烟或蓝烟。尾气排放不合格要切实执行“三不准”措施，即车队不准放、调度不准派、驾驶员不准开，并及时报修。安装尾气在线监测装置的车辆，要注意有无尾气超标报警，报警车辆应及时报修。

（16）检查车辆服务设施。椅架安装牢固、无断裂，坐垫靠背齐全。立柱及扶手杠不短缺、无损坏，安装牢固。天窗、玻璃无损坏，雨天不漏雨。检查灭火器及固定架。灭火器放置在固定架内，固定架安装可靠，灭火器配置齐全，压力在合格范围内。扶手完好、紧固，螺丝齐全。厢灯、灯罩、灯泡齐全无损坏。

（17）检查车辆电子设施。电子路牌，电脑报站机，监视器，LED、LCD 显示屏工作正常，无乱码、字体缺损现象。移动电视完好有效，安装牢固。IC 卡刷卡机工作显示正常，安装牢固。监控摄像头安装完好，角度正确。GPS 监视器显示在线，信号灯闪烁，无故障灯亮起。其他电子设施安装完好，无缺失，各设施检修口箱门盖齐全，安装可靠。

6. 出车前纯电动车辆例检操作

（1）驾驶员在出车前，需要填写例检记录，检查车身及车身设施。

（2）围绕车身查看有无剐蹭、剐撞。车身各舱盖舱门关闭到位，锁止可靠，防开链保护有效；风挡侧窗玻璃无破损；牌照安装可靠；车灯外观完好无损；停车位置地面无渗漏液体印迹。

（3）检查车辆有无漏水、漏电、漏油、漏气等“四漏”现象。线束无破损、烧蚀，线路接头连接牢固可靠。

（4）检查驱动电机和电池冷却液液位（车顶加液的车辆除外）。冷却液应处于上下刻度线之间，不足应及时补充至达标。

（5）查看助力油罐。助力油油面高度应在助力油罐上下刻线之间，助力油不足或过多，应报修解决，助力油不得有渗漏。

（6）查看车轮及轮胎。轮胎螺丝和轴头螺丝齐全，紧固无松动；轮胎钢圈无裂损，轴头无甩油现象；轮胎成色达标，胎侧无变形，胎冠面磨损无异常，胎压正常。

（7）检查方向机。分别沿方向机径向和轴向推拉方向盘，方向机安装无旷量；将方向轮打至直行状态，左右轻转方向盘至有阻力，方向盘自由量不得大于15°。

（8）检查灯光、雨刷、反光镜。接通高压、低压开关，打开钥匙开关至“ACC”挡，检查灯光、雨刷。车辆配置的灯光应齐全有效，重点检查转向灯、刹车灯、大灯（包括远近光）、轮廓灯、雾灯和厢灯；雨刷摇臂角度正常（静止情况下，雨刷片靠近前风挡下沿），雨刷速度均匀，挡速明显，刮水效率满足行车观察需求。检查反光镜，后视角、下视角适中，反光镜片完好，角度适宜，固定可靠。

（9）检查仪表信号。打开钥匙开关至“ON”挡，系统自检完毕后，将钥匙开关拨到“START”挡，启动车辆。检查气路系统低压报警器，且低于600 kPa时低压报警器正常报警。检查动力电池BMS报警信号。检查卸荷气压，卸荷气压=820（±20）kPa。检查动力电池工作温度，视动力电池组合结构而定（以仪表报警温度为准）。检查动力电池剩余电量（SOC），剩余电量：低限应≥30%，满电量为95%~100%。检查单体电池电压、电池温度，标准依据车型的使用说明书。检查低压电信号，最低电压高于24V，最高电压低于28V。仪表值或警示信号有任何异常，应及时报修。

（10）检查制动系统。检查气路系统有无漏气现象。气压达到卸荷压力附近，未启动前，仔细聆听车辆有无漏气噪声。检查制动踏板机构工作是否正常。车辆启动后，气压上升至650 kPa以上时，反复踩踏制动踏板1~2次。正常情况下，踩住踏板时气压表显示值静止；收起踏板时，气压表值略微下降，车辆有气压卸荷声。气压值升至卸荷状态时，车辆方可平稳起步，低速状态下轻点刹车，制动应灵敏有效。检查驻车制动。驻车制动装置正常工作状态应为：拉紧手制动阀，挂前进挡，轻点加速踏板，车辆不能起步。

（11）检查车辆设施。扶手、座椅，无破损、无缺损，安装可靠；地板无塌陷，检修口门盖齐全，关盖规范，锁止可靠；天窗齐全无漏雨。检查特殊人群服务设施，齐全无损，工作正常。检查灭火器及固定架。固定架安装可靠，灭火器置于固定架内。检查限高标志是否齐全、安装可靠。检查废票箱是否齐全、安装规范可靠。按季节检查空调暖风系统工作是否正常，空调进风口过滤棉是否清洁。

（12）车辆电子设施检查。电子路牌，电脑报站机，监视器，LED、LCD 显示屏工作正常，无乱码、字体缺损现象。移动电视完好有效，安装牢固。检查车载 IC 卡系统。刷卡机显示清晰，工作正常，安装牢固；小键盘、报站机、LED 滚动屏工作协调。监控摄像头完好，角度正确。GPS 监视器显示在线，信号灯闪烁，无故障灯亮起。其他电子设施安装完好，无丢失，各设施检修口箱门盖齐全，安装完好。

二、班前清洁——擦出“准新车”

车身外观净、玻璃门框净、车厢卫生净、车内设施净、驾驶舱净，是公交车运营的基本卫生要求。驾驶员要维护车辆卫生，养成良好工作习惯，用最干净整洁的车辆迎接每一位乘客，除了要做到常规的卫生清洁工作，更要做好容易忽视的卫生细节的清洁养护。作为驾驶员，在日常工作中，要养成良好的清洁车辆习惯，长期保持车辆内外部的干净整洁，为乘客提供干净舒适的乘车环境，树立良好的企业形象。

（1）方向盘及各开关按钮及报站器、仪表显示器等容易存在积灰，需擦拭干净，不能有积灰现象。

（2）油门及制动踏板不得有积灰现象。方向盘底部经常积灰，容易被忽视，也需要擦拭干净。驾驶室地板干净清洁，不能堆放各类杂物。

（3）驾驶室前风挡玻璃及操作台面出风口等死角容易存在大量积灰的地方，需要反复擦拭，不能有灰尘。

（4）门窗玻璃擦拭干净明亮，不能有水渍及明显的污垢。门沿窗沿容易积灰，需擦拭干净。

（5）在驾驶员日常拖地时，容易疏忽的黄色台阶线非常容易积灰，变得暗淡，也需用抹布擦拭，使台阶线更加显眼明亮。

（6）车辆后排的平台，日常拖地清洁不到，容易累积大量灰尘，需定时用抹布擦拭，后排座位缝隙需经常查看，不得有垃圾在缝隙里存在。

（7）车厢内的垃圾桶要及时清理，避免垃圾外溢。

第四讲

车辆行驶

一、行驶“口诀”

1. 安全“三看”

一“看”司乘精神面貌，确保上岗安全；

二“看”车辆车质车容，确保出乘安全；

三“看”道路交通变化，确保行车安全。

2. 安全“三听”

一“听”车辆机械声音，确保车辆安全；

二“听”车厢环境声音，确保乘客安全；

三“听”车外道路声音，确保行驶安全。

3. 服务“三说”

一“说”文明敬语，展现窗口精神；

二“说”规范用语，体现职业标准；

三“说”疏导用语，畅通车厢环境。

4. 技术“三要”

一“要”正确操作，车辆技术规范要掌握；

二“要”安全有效，车辆技术标准要落实；

三“要”措施得当，车辆应急处置要果断。

5. 通过路口“断舍离”

无视法律法规，事故的教训一定是惨痛的。作为职业驾驶员，我们在每天的班前宣誓时，就要告诫自己，人的生命只有一次。在实际运营中，没有“如果”，一切的麻痹大意、错误思想都要从源头切断。做到断：私心杂念；舍：侥幸心理；离：车距适当。

6. 一二三“提速法”

一个站台、两个路口、三面勤看。一个站台：车辆在站台等待乘客上下车时。两个路口：提前观察横向、纵向路口交通信号灯的变化。三面勤看：一看配合车载监视器看站台和车内乘客是否安全上下车；二看车辆前方是否可以正常出站；三看两侧反光镜内是否有其他车辆、行人准备通过，预判好站台到路口的行驶时间与交通信号灯变化时间之间的耦合关系，减少等待红灯的时间，提高车辆行驶速度。

7. 车辆左（右）转弯行车口诀

提前观察前方路，开启转向做准备。

车辆减至规定速，慢打方向防甩尾。

左右确认反复看，A 柱 B 柱是盲区。

身体前后微调动，展开视线灵活看。

危险即停莫心急，安全驾驶记心中。

二、行车进出场站注意事项

车辆场站行驶，车速必须控制在 5 公里 / 小时以内。精神集中，仔细观察场站其他车辆、行人，注意盲区，预防发生事故。

车辆进出场站，严格按照“一车一杆”有序通行。要预防车辆 A、B 柱盲区，左右晃动身体转换视线，仔细观察道路左、右侧交通参与者的动态，停车避让正常行驶车辆、行人及非机动车，确保安全。出场站关注车辆转弯角度、转弯半径和盲区对行车安全的影响，视线不清及时停车。乘务员应该配合照顾行车安全。

三、准点行车小技巧

1. 提前准备：心态佳

待发运营车辆的驾驶员应提前 3~5 分钟到达驾驶岗位，检查车辆性能、车门、气压、刷卡机具、安全带、车载监视器等完好有效，校对车上机具与调度系统的时间，做好发车前准备工作，保持稳定、平静的心情，等待发车。

2. 提起精神：准到位

按照发车点提前 3 分钟启动车辆，确认车辆各仪表、气压正常，规范系好安全带，将车开至待发区域等待。驾驶员准备好员工卡，在发车前 1 分钟可进行 OBU 刷卡识别（针对有进出场站自动识别系统的线路），待道闸完全开启，车辆准点驶出场站投入运营；没有进出场站自动识别系统的线路，驾驶员准点将车开出场站，严禁提发或迟出，影响线路整体运营。

3. 提进准发：迎宾客

针对交通枢纽区域的线路，按照站台类别（一类站），严格执行提前进站准点发车标准，根据气温情况及车辆状况，适时提前开启空调冷、暖风。遇大风、雨、雪、高温、严寒等特殊天气，应在正常辅助工作（如厕、用餐等）的基础上，最大限度、最大范围地提前进站，引导乘客提前刷卡乘车，确保准点发车。

4. 提升意识：中途准

驾驶员应熟知本线路单程点、中途（区段）点运营时间，行车中要掌控好车速，最大范围走准中途点。遇有特殊天气、交通拥堵、交通管制等造成晚点、串车等情况时，驾驶员应做好配合，适时拉开前后车距离，减少串车现象，尤其是最后一辆运营驾驶员，适当放慢车速，避免与后车间隔过大；有条件的车辆，应利用车载语音对讲系统与调度员进行沟通，灵活调整运营计划，确保行车秩序均匀，为安全行车创造条件。

5. 提高技能：平安行

公交车辆驾驶员除了遵守法律法规，更多的是依靠职业道德来进行自我约束，行车中要遵守企业制定的安全行车操作规程，始终把乘客的生命财产安全放在首位；养成良好的驾驶习惯，爱岗敬业，优质服务，勤于学习，钻研业务；提升驾驶技能，提升应对突发情况的能力，营造平安、畅通、温馨、和谐的乘车环境。

6. 提质增效：展风采

一名合格的公交驾驶员，不仅要有娴熟的驾驶技术，更要具备良好的驾驶作风、行为习惯和道德修养。做到安全驾驶、文明驾驶、科学驾驶，合理运用车辆性能，缓踩油门、制动，注意节能减排，降低运输成本；做到减少怠速运转时间，及时排除临时故障，提升车辆运营效率。

四、文明行车

1. 文明行车“大拇指”

当车辆出站时，向窗外伸出左手“大拇指”，提示后面车辆和行人，车辆出站注意安全；当车辆并线时，向窗外伸出左手“大拇指”，提示后面车辆将并线，赢得后车理解；当其他车辆让行公交车时，要向窗外伸出左手“大拇指”，对让行车辆表示感谢，体现公交驾驶员的文明素质。

2. 文明行车注意事项

机动车行驶时，驾驶人必须系好安全带。同车道行驶的机动车，后车应当与前车保持足以采取紧急制动措施的安全距离，做到礼貌行车。

驾驶机动车不得有下列危害安全行为：

（1）在车门、车厢没有关好时行车；

（2）在机动车驾驶室的前后窗范围内悬挂、放置妨碍驾驶人视线的物品；

（3）拨打接听手持电话、观看手表等妨碍安全驾驶的行为；

（4）向道路上抛撒物品；

（5）在禁止鸣笛的区域或者路段鸣笛。

五、安全行车

1. 河边安全行车

河边车速不超 30 公里 / 小时限速，在最右侧大型车道行驶。在设置有公交车专用道的路段，需在公交车专用车道行驶。车辆途经河边道路时，要多观察路面情况，尤其是夜间行车视线不好，视野缩短，遇对向车辆开远光灯时，眼前容易产生眩晕，此时需降低车速，必要时停车让行，不盲目行驶，避免产生误操作，坠入河中。

2. 校区周边安全行车

掌握不同校区周边道路特点，控制车速 15 公里 / 小时；在上下学时段，需要将车速控制在 15 公里 / 小时之内；提高注意力，认真观察道路两侧及沿线情况，谨防学生突然猛跑，横穿道路，防范车辆之间“鬼探头”事故。学校路段禁止鸣笛，驾驶员应遵照执行。学校周边因接送学生车辆较多，堵车严重，严禁违章超车。

3. 医院、商务圈周边安全行车

医院区域道路交通流量集中，部分医院区域路段车辆拥堵，驾驶员要注意就医者，尤其是老年人行动不方便，给道路交通造成的安全隐患风险；商务圈周边，环境复杂，车多人多，途经此区域时，要低速缓行，切不可用车身挤驱人群。途经以上区域路段，车速不得高于15公里/小时。遇道路拥堵，应暂时停车，耐心等候，确保行车安全。

4. 机非混合狭窄路段安全行车

机非混合道路，注意避让行人与非机动车，杜绝“三点一线”行驶。减速慢行，严禁强行超车。提升防御性驾驶的能力，关注复杂路口、出租车、私家车、特种车、横穿道路上行人和快递人员等重点交通参与者，提前预判交通参与者的动态，提前采取正确的防御处置，规避突发危险。

六、道路环境与行车心态调整

公交车运行，每天都要面对复杂的路况和突发情况，行车过程中，要实时注意道路环境，保持一个良好的行车心态尤为重要。无论天气怎样变化、道路交通怎样复杂，都要保持良好的心态、冷静的头脑，拥堵路段要耐心、通过路口要细心、服务乘客要热心。

1. 车辆路口通行工作方法

（1）车辆左转弯行车技巧。车辆准备在路口向左转弯时，距离路口 100 米至 50 米处将车速降至 30 公里 / 小时，开启左侧转向灯，观察路口情况，驾驶员要保持心态平稳。此时处于待刹车状态（脚放至刹车踏板处不用力），要做到“五看”，一看交通信号灯变化，不抢灯头灯尾；二看对向车道右转车辆，走好路权不争不抢；三看左右两侧路况变化，不要让 A、B 柱挡住视线，适当前后移动身体，确保观察到位；四看车道左右情况，单机车车身过半，铰接式通道车过前门处，可以开始打方向，切记做到慢打方向，转弯过程中视情调整方向，防止车辆甩尾碰撞行人和车辆；五看行人、骑车人，预判他们的行动轨迹，不要盲目自信，危险即停，做到宁停三分不抢一秒。距离路口 20 米处时处于备刹车状态（脚踩下刹车踏板至触点），通过路口时将车速降至 15 公里 / 小时。路口是“安全重点”铭记心中。

（2）车辆右转弯行车技巧。车辆右转弯时距离路口 100 米至 50 米处将车速降至 30 公里 / 小时，开启右侧转向灯，观察路口情况，驾驶员要保持心态平稳，此时处于待刹车状态（脚放至刹车踏板处不用力）。相对左转弯而言，右转弯多数情况不受交通信号灯限制，首先要注意的是对向行驶的车辆，右转车辆应让左转车辆先行；其次要注意路口和人行横道内的行人和车辆，做到停车让行，文明通过；最后要做到转弯时车速保持在 15 公里 / 小时，确保车内车外整体安全。

2. 十字路口安全行车措施

路口通行，严格遵守交通信号灯指示通行，严禁抢黄灯、闯红灯，杜绝违法现象发生。

途经没有交通信号灯的路口，应减速慢行，必要时停车观察，脚备刹车，礼让行人、非机动车。转弯机动车辆，遵照右转弯车辆让左转弯车辆先行原则。

途经环形路口时，进入路口的车辆让已在路口内行驶的车辆先行。车辆路口掉头时，注意往来车辆、行人、非机动车动态，确保行车安全。

3. 丁字路口安全行车措施

如果丁字路口有交通信号灯，一定要按照信号灯指示行驶，红灯时车辆必须在停止线里等待。在有人行横道灯的丁字路口，机动车应按照人行横道灯指示行车，红灯亮时不准通过丁字路口。

通过丁字路口驾驶员必须脚备刹车，需要减速驾驶，这样就可以有更多时间观察路况，遇到突发情况时，也可以马上做出应急措施。

丁字路口交通信号灯图解：

A 类：掉头车辆不依赖交通信号灯的情况下，左转时，确保安全通过；直行车辆依据交通信号灯

图 5 丁字路口安全行车示意

指示通行；右转车辆不依赖交通信号灯通行。

B 类：掉头车辆不依赖交通信号灯的情况下，左转时，确保安全通过；左转车辆依据交通信号灯指示通行；右转车辆不依赖交通信号灯通行。

C 类：掉头车辆不依赖交通信号灯的情况下，左转时，确保安全通过；左转车辆依据交通信号灯指示通行；右转车辆不依赖交通信号灯通行。

4. 畸形路口安全行车措施

出入口匝道距离交叉口过近，高峰时段上下匝道车辆与地面道路车辆互相交织，形成 X 形流线交叉，对交叉口进口道车流影响较大。进入路口前，仔细观察信号灯，依次进入路口。脚备刹车低速行驶，精神集中观察路况，避让非机动车和行人，缓慢通过。

5. 各类路口行车注意事项

驾驶车辆通过路口时，公交驾驶员要做到“慢、观、让、停、行”，“慢”就是要减速慢行，“观”就是要仔细观察，“让”就是要文明礼让，“停”就是遇到危险必须停车，“行”则是确保安全通行。

在驾驶公交车直行通过路口时，最大车速不能超过 30 公里 / 小时；转弯时，车速不能超过 15 公里 / 小时。

车辆进入路口转弯前，要提前开启转向灯，同时开启转弯安全提示音，从多个角度仔细观察路口情况。车辆右转弯时，若情况不明，就要做到“右转必停”，规避因车辆转弯形成的内轮差盲区以及车辆右 A 柱盲区所带来的风险隐患；车辆左转弯时，应接近路口中心点打方向转弯，规避左 A 柱盲区带来的风险隐患。

公交驾驶员在通过路口时，首先必须做到减速行驶，不能抱有侥幸心理，路口行车必须做到停车让行不抢行；同时还要做到专心行车，仔细观察，严谨行车不违章。

公交驾驶员驾驶公交车通过斑马线时，在距离斑马线 30 米处，就要提前减速，做好停车让行准备；在 20 米外，车速就要减到 15 公里 / 小时，脚要放到刹车踏板上随时准备停车；在距离斑马线 10 米内，当前方有行人通过时，驾驶员就要主动停车让行。

6. 车辆进出站安全行车注意事项

驾驶车辆进出公交站时，应提前观察站内及周边情况，与路肩保持 30 厘米的安全距离，确保进站安全。进站前 50 米就要将车速减至 15 公里 / 小时慢行，避让非机动车和行人。串车依次按顺序与前车保持不少于 5 米的安全车距进站，停车挂空挡拉手刹。车辆停稳 2 秒后开门，上下完乘客关好所有车门 3 秒后走车起步。

公交车准备出站时，公交驾驶员应遵循下列原则：看车身右侧站台，观察站台情况及乘客动态；看车载监视器，观察车内乘客上下车情况；看车辆前方路况，观察道路变化；看车身左侧路况，观察机动车、非机动车变化，安全平稳启动车辆。

7. 视线不佳行车安全注意事项

由于座椅位置与车辆 A、B 柱之间，在特定视角下会形成角度盲区（看不到的断面），尤其是车辆在路口左、右转弯时，驾驶区域视线盲区（视角）表现更明显，行车安全风险大隐患。驾驶员要避免视线盲区，应该随着车辆的移动，通过调整视线角度，最大可能地解决视线盲区带来的安全隐患问题，避免因视线受阻，引发盲区事故。通过路口时，车辆 A、B 柱，驾驶室高度也会形成视线盲区，多车道行驶，应减速慢行或停车观察，做到：超车看车头，会车看车尾，提前预判减速慢行，防止“鬼探头”发生。

夜间行车开启近光灯，开关时间与路灯开关时间同步。行驶在昏暗和视线不清的地段，由于车厢灯的开启，造成车厢内与车厢外的视线盲点，必须开启远光灯。但夜间会车应关闭远光灯，如遇对方来车不关远光灯造成视线不清，应降低车速，必要时停车避让。

七、特殊天气的应急处理

1. 特殊天气行车规范

（1）风天：风天飞沙尘土影响视线、听力，应降低车速，注意逆风自行车的动态。加大横、纵向车距，随时做好停车准备。

（2）雪天：认真检查车辆安全系统，重点检查车辆制动、雨刮器等部位，严禁驾驶不符合安全标准的车辆上路运营。做好车厢内及车门踏板处的融雪工作，避免因踏板结冰乘客在上下车过程中摔倒。车辆起步要慢，低速平稳驾驶，避免急打方向。如道路结冰湿滑，加大横向距离。车辆通过路口和斑马线时，注意观察路口动态，提前减速停车，避让行人与非机动车，确保安全通过。

（3）雨天：降低车速，注意观察，道路积水无通行条件，立即靠边停车，严禁违规强行通过积水区。加强对“老、幼、病、残、孕”五种人提示叮嘱和监控力度，避免车厢地板湿滑，引发乘客摔倒。严禁擅自改变运营路线，如积水路段造成车辆无法行驶，第一时间通知车队，车辆原地等待，听从车队安排。

（4）雾天：能见度在 50 米以内时，车速不超过 15 公里 / 小时，打开雾灯和示宽灯。能见度低于 10 米时应将车辆临时停放在安全地点，开启示宽灯，不勉强行驶和侥幸行驶。

2. 突发事件应急处理

（1）乘客辱骂或殴打司乘人员：坚持打不还手、骂不还口，得理让人、以理服人。如遇乘客骂人，可以正面进行教育；如乘客打人，可将打人乘客带到车队解决，或报警听从民警指挥处置，留下 2 名以上目击证人及联系方式。

（2）车内乘客打架：正面教育、劝阻。如劝阻无效打“110”报警，听从民警指挥处置，不要随意开门；如打人者强行逃逸，应注意观察其体貌特征及逃跑方向，配合公安机关调查；及时向单位领导报告。

（3）乘客财物被盗：向当事人了解被盗财物情况，协助报警；不得开门，听从民警指挥处置；及时向单位领导报告。

（4）行驶中发动机起火：立即熄火停车开门（断电情况下使用车门应急阀），迅速疏散乘客；切断电源总开关，关闭燃气总开关；取下灭火器材，前置式发动机不准打开发动机盖，从发动机底部和发动机盖缝处用灭火器扑救；后置式发动机应打开后机舱门，对准起火点进行扑救；就近寻求帮助，同时拨“119”报警，向单位领导报告。

（5）车用自动灭火装置启动：立即熄火停车开门，迅速疏散乘客；取下灭火器材，做好灭火准备，打开后机舱门查看；向乘客做好说明和疏导工作，协助乘客换乘；向单位领导报告。

第五讲

车辆出乘后

一、公交车进入场站及倒车看护规范

车辆进入场站限速5公里/小时，车辆场站内行驶限速15公里/小时，停车入位需要倒车时，必须有人看护。

执行看护倒车时的方法及要求：

1. 倒车前标准

（1）车辆进入倒车区域准备开始倒车时，负责看护倒车人员方可下车并负责查看准备倒车车道及周边是否安全。待通知驾驶员可以进行倒车时，驾驶员方可进行倒车操作。

（2）看护人员应站在车辆右后方，面向车辆前方，与车身横向距离保持1米左右，确保驾驶员通过后视镜能看到指挥手势。如遇相邻车道有车时，在确保自身安全下可适当拉近横向距离。

2. 倒车中标准

（1）看护倒车人员抬起手臂，大臂与肩同行，手掌向后，手臂前后摆动，示意驾驶员进行倒车。倒车时，应大声提示以便驾驶员安全倒车，驾驶员应开启左侧驾舱车窗，以听清口令。

（2）铰接车辆倒车时，看护人员应确保始终在驾驶员视线内，避开车辆盲区，跟随车辆角度的变化，随时调整站位，移动时，要注意脚下安全，紧急情况时，可通过呼喊和拍打车身提示驾驶员立即停车。驾驶员在倒车时，如通过后视镜不能看到看护人员应立即停车，可采取多次调整车辆，使其车身顺直后再安全倒车。

（3）单机车辆倒车时，要有专人看护，更应叮嘱其注意事项，确保自身安全。

3. 倒车后标准

当车辆即将完成倒车动作时，看护人员应提前示意驾驶员停车，此时应将手臂伸直，举过头顶，手掌向前做出停止动作，与指挥倒车动作要有明显区别，让驾驶员可以清楚辨别倒车和停止的手势，并用喊话同步提示驾驶员停车。驾驶员看到手势后应立即停车，不可盲目自信仍行驶车辆。

二、站内停车规范

公交车辆停放在场站时，要严格按指定区域规范停放，车头朝外，严禁乱停乱放，占用运营车车位、消防通道、应急疏散通道。

停车场站停车数量不得超过核定标准，车头应朝向场站出口或便于正向驶出方向，车辆停放应留出车辆紧急疏散的安全距离和消防通道；停放车辆与加油（气、电）站应保持安全间距。禁止流动加油车在停车场站内加油，禁止车辆在停车场站内抽油、倒油。

运营车辆停放时不得挡、压站内消防设施。停车场按标准配备足够数量的消防器材。站内消防栓、消防水带、消防枪完好有效。没有消防水源的停车场站必须配备手推式干粉车，配备消防桶（缸），储备消防应急用水。

三、行程结束后卫生清洁与安全规范

公交车运营结束后，回到场站时，要把保持车辆机舱清洁作为日常管理的重要内容。每天收车后及车辆到达首、末站后，需要将公交车辆内外及时清洁打扫。公交车出车前，清洁标准包括以下几个方面。

（1）车身：外围、顶部、反光镜（后视镜）壳无污迹（垢）。

（2）玻璃：前后风挡、车窗玻璃、车门玻璃透亮，无污迹，无各类通知、告知、遮阳等张贴物。

（3）车轮：轮胎、轮毂无油污、无积泥。

（4）地面：地板、脚踏板、台阶、后排座椅平台无废弃物、无污迹、无油泥。

（5）扶手：扶手杠、吊环拉手无污渍。

（6）车窗：窗帘、遮阳帘（板、膜）无尘土、无污渍。

（7）内壁：车厢内四壁、内顶、驾驶舱后挡板、车厢标志、铰接棚和空调车出风口无污渍、无尘土。

（8）座椅：座椅面、靠背、椅背、座套、头枕套无尘土、无污渍，座椅夹缝无杂物。

（9）设施：移动电视、显示屏、票务机具、灭火器（箱）、电风扇、行李架、售票台、保洁桶外壳无积土、无污渍，保洁桶内无陈旧废弃物，灭火器箱、行李架、售票台内无杂物。

（10）驾驶舱：驾驶舱内、操作台、前风挡处干净整洁，无积土、无杂物、无污渍。

（11）每单程结束后，在有条件的情况下要进行地板、玻璃清洁工作。

（12）雨（雪）后，两小时车身净。

后 记

绿色出行是一个国家发展进步的永恒主题，是无数追求梦想的公交人永不枯竭的动力。公交事业的运载能力，是推动绿色出行、便捷出行的基础，优质安全的服务是公交事业永恒追求的未来。随着社会文明水平的不断提升，公交服务也一直在加快步伐，为乘客提供更加优质、更加贴心的服务，永无止境。

北京公交“大1路”拥有将近90年历史，我既是这条路线的传承者，又是在这里成长起来的全国劳动模范。在参加工作的28年里，我累计安全行驶了52万余公里。开公交车是我从小到大的梦想，当梦想照进现实，我倍加珍惜。我曾经为了让公交车行驶更加平稳安全，每天下班回家，搬把椅子当作驾驶座，接半盆水当作方向盘，日复一日、反复练习。我也曾经在教练车里放一杯水，力求做到行驶时不洒、弯道时不洒，就是在刹车时，依然能做到杯不倒、水不洒。为了不断地提升服务质量，无数个日日夜夜，不断地思考，积极地投身实践，只为更好服务群众出行，用实际行动，让人们心中的“大 1 路”，永葆青春。

每天开着“大 1 路”公交车，我迎着朝阳行驶在长安街上，天安门的红墙，广场上鲜艳的五星红旗，还有胸前红彤彤的党徽，都在激励着我要用最优质的服务，将每一个追求梦想的乘客，安全地送达终点。

常洪霞

2023 年 7 月

图书在版编目（CIP）数据

常洪霞工作法：公交安全驾驶与服务 / 常洪霞著. —北京：
中国工人出版社，2024.6
ISBN 978-7-5008-8286-2
Ⅰ. ①常… Ⅱ. ①常… Ⅲ. ①公交车辆－汽车驾驶员－行车安全 Ⅳ. ①U471.3
中国国家版本馆CIP数据核字（2023）第182643号

常洪霞工作法：公交安全驾驶与服务

出 版 人　董　宽
责任编辑　王学良
责任校对　张　彦
责任印制　栾征宇
出版发行　中国工人出版社
地　　址　北京市东城区鼓楼外大街45号　邮编：100120
网　　址　http://www.wp-china.com
电　　话　（010）62005043（总编室）
（010）62005039（印制管理中心）
（010）62379038（职工教育编辑室）
发行热线　（010）82029051　62383056
经　　销　各地书店
印　　刷　北京市密东印刷有限公司
开　　本　787毫米×1092毫米　1/32
印　　张　2.5
字　　数　35千字
版　　次　2024年7月第1版　2024年7月第1次印刷
定　　价　28.00元

优秀技术工人百工百法丛书

第一辑　机械冶金建材卷

优秀技术工人百工百法丛书

第二辑　海员建设卷